Tabuada
Atividades com as quatro operações

volume **2**

CB053104

1ª edição

Obra coletiva concebida, desenvolvida
e produzida pela Editora Moderna.
© Editora Moderna 2006

Moderna

Coordenação editorial: Virginia Aoki
Edição de texto: Jefferson dos Santos Cevada,
Maria Elena Roman de Oliveira Toledo
Coordenação de *design* e projetos visuais: Sandra Botelho de Carvalho Homma
Projeto gráfico: Everson de Paula
Capa: [sic] computação gráfica
   Imagem da capa: fantoches de dedos © MCHannickel Brinquedos
Coordenação de produção gráfica: André Monteiro,
Maria de Lourdes Rodrigues
Coordenação de revisão: Estevam Vieira Lédo Jr.
Revisão: Ana Cortazzo, Ana Tavares, Elaine Cristina del Nero,
Estevam Vieira Lédo Jr., Solange Scattolini
Edição de arte: Cristiane Alfano
Ilustrações: Paulo Manzi, Rogério Borges, Sérgio Guilherme Filho
Assistência de produção: Cristina S. Uetake
Editoração eletrônica: EXATA Editoração
Coordenação de pesquisa iconográfica: Ana Lucia Soares
Pesquisa iconográfica: Ana Claudia Fernandes
Coordenação de tratamento de imagens: Américo Jesus
Tratamento de imagem: Fábio N. Precendo
Saída de filmes: Helio P. de Souza Filho, Marcio Hideyuki Kamoto
Coordenação de produção industrial: Wilson Aparecido Troque
Impressão e Acabamento: BMK Pró Indústria Gráfica Ltda.
Lote: 284601

ISBN 85-16-05206-0 (LA)
ISBN 85-16-05207-9 (LP)

Reprodução proibida. Art. 184 do Código Penal e Lei 9.610 de 19 de fevereiro de 1998.
Todos os direitos reservados
EDITORA MODERNA LTDA.
Rua Padre Adelino, 758 - Belenzinho
São Paulo - SP - Brasil - CEP 03303-904
Vendas e Atendimento: Tel. (0_ _11) 2790-1500
Fax (0_ _11) 2790-1501
www.moderna.com.br
2019
Impresso no Brasil

1 3 5 7 9 10 8 6 4 2   R.O.

SUMÁRIO

A tabuada de adição
4 Atividades de adição

A tabuada de subtração
19 Atividades de subtração
34 Atividades de adição e subtração

A tabuada de multiplicação
39 Atividades de multiplicação
48 Atividades de adição, subtração e multiplicação

A tabuada de divisão
51 Atividades de divisão
60 Atividades de multiplicação e divisão
63 Atividades com as quatro operações

A tabuada de adição

```
1 + 0 = 1
1 + 1 = 2
1 + 2 = 3
1 + 3 = 4
1 + 4 = 5
1 + 5 = 6
1 + 6 = 7
1 + 7 = 8
1 + 8 = 9
1 + 9 = 10
```

```
2 + 0 = 2
2 + 1 = 3
2 + 2 = 4
2 + 3 = 5
2 + 4 = 6
2 + 5 = 7
2 + 6 = 8
2 + 7 = 9
2 + 8 = 10
2 + 9 = 11
```

```
3 + 0 = 3
3 + 1 = 4
3 + 2 = 5
3 + 3 = 6
3 + 4 = 7
3 + 5 = 8
3 + 6 = 9
3 + 7 = 10
3 + 8 = 11
3 + 9 = 12
```

```
4 + 0 = 4
4 + 1 = 5
4 + 2 = 6
4 + 3 = 7
4 + 4 = 8
4 + 5 = 9
4 + 6 = 10
4 + 7 = 11
4 + 8 = 12
4 + 9 = 13
```

```
5 + 0 = 5
5 + 1 = 6
5 + 2 = 7
5 + 3 = 8
5 + 4 = 9
5 + 5 = 10
5 + 6 = 11
5 + 7 = 12
5 + 8 = 13
5 + 9 = 14
```

```
6 + 0 = 6
6 + 1 = 7
6 + 2 = 8
6 + 3 = 9
6 + 4 = 10
6 + 5 = 11
6 + 6 = 12
6 + 7 = 13
6 + 8 = 14
6 + 9 = 15
```

```
7 + 0 = 7
7 + 1 = 8
7 + 2 = 9
7 + 3 = 10
7 + 4 = 11
7 + 5 = 12
7 + 6 = 13
7 + 7 = 14
7 + 8 = 15
7 + 9 = 16
```

```
8 + 0 = 8
8 + 1 = 9
8 + 2 = 10
8 + 3 = 11
8 + 4 = 12
8 + 5 = 13
8 + 6 = 14
8 + 7 = 15
8 + 8 = 16
8 + 9 = 17
```

```
9 + 0 = 9
9 + 1 = 10
9 + 2 = 11
9 + 3 = 12
9 + 4 = 13
9 + 5 = 14
9 + 6 = 15
9 + 7 = 16
9 + 8 = 17
9 + 9 = 18
```

Atividades de adição

1 Observe, complete e calcule.

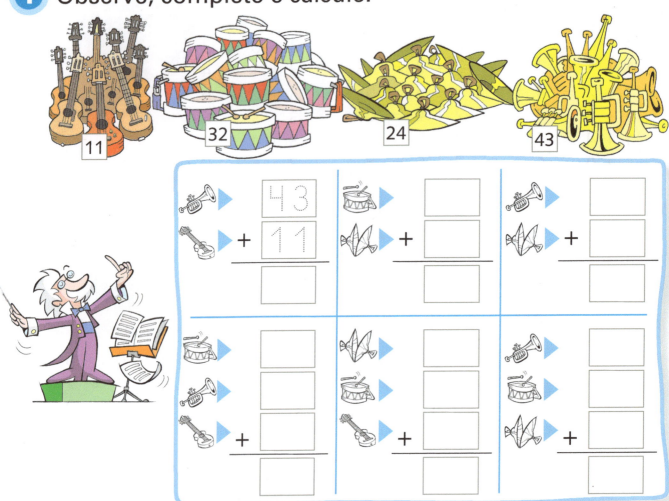

2 Leia, calcule e pinte de vermelho o instrumento que Paulo toca.

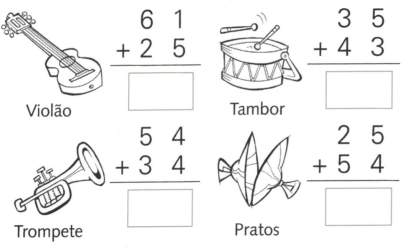

Violão: 6 1 + 2 5

Tambor: 3 5 + 4 3

Trompete: 5 4 + 3 4

Pratos: 2 5 + 5 4

O instrumento que eu toco tem o resultado da operação igual a 79.

- Qual o instrumento que Paulo toca? _____

3 Observe e calcule quantas frutas há no total.

Há ___ 🍐 , ___ 🍎 , ___ 🍌 e ___ 🍊.

4 Calcule e verifique se o resultado de cada operação confere com o número escrito na cenoura.

- Pinte as cenouras que têm os resultados corretos e assinale com um "X" as que estão erradas.

Coloque em ordem decrescente os números das cenouras pintadas e descubra como eu me chamo.

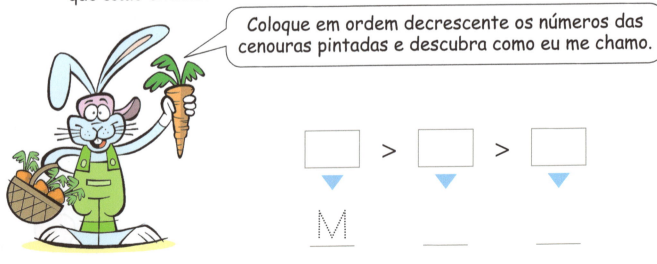

5 Calcule o resultado das adições.

D	U
5	1
3	3
+	7

D	U
2	4
	6
+ 3	5

D	U
	8
4	5
+ 2	6

6 Calcule e pinte as bexigas.

75 ▶
88 ▶
95 ▶

```
  2 4
  1 6
+ 3 5
-----
```

```
  3 8
  3 5
+ 2 2
-----
```

```
  3 6
  4 3
+   9
-----
```

```
  3 7
  2 6
+ 3 2
-----
```

```
    4
  5 2
+ 3 2
-----
```

```
  3 1
    9
+ 3 5
-----
```

7 Calcule.

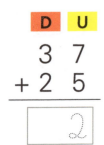 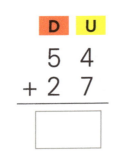 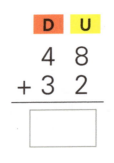 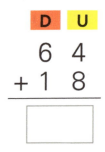

D	U
3	7
+2	5
	2

D	U
5	4
+2	7

D	U
4	8
+3	2

D	U
6	4
+1	8

8 Calcule. Depois, observe os resultados e pinte as tendas.

Pinte as tendas de acordo com estas cores abaixo.

→ 62
→ 71
→ 83
→ 94

9 Calcule, leia e pinte.

"Minha pipa é a que tem como resultado um número maior que 70. É vermelha." — Luís

"Minha pipa é a que tem como resultado um número maior do que o da pipa de Luís. É verde." — Lorenzo

"Minha pipa é a que tem como resultado um número menor do que o da pipa de Luís. É azul." — Lucas

• Qual é o número que está na pipa de Luís? _____

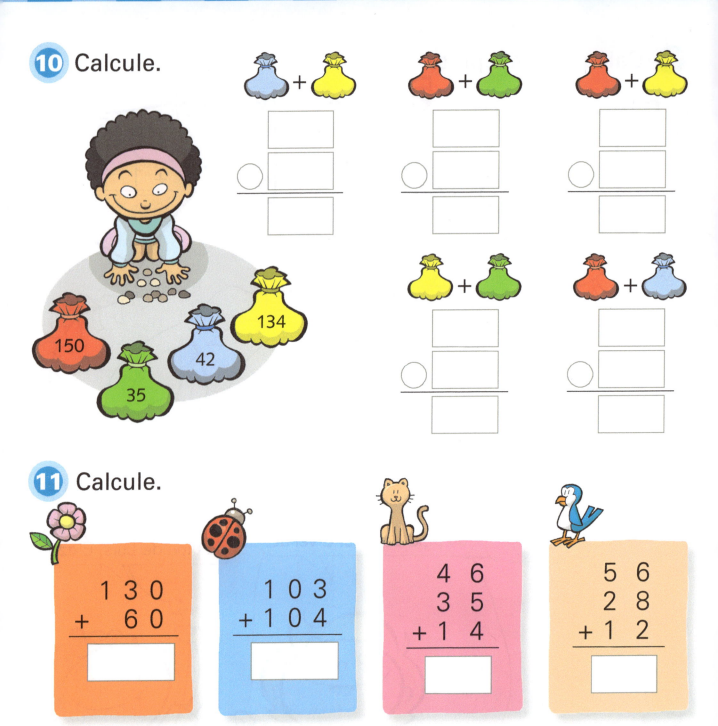

12 Calcule o resultado das adições.

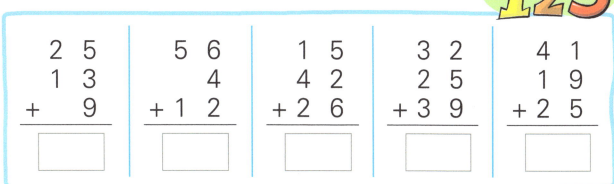

```
  2 5        5 6        1 5        3 2        4 1
  1 3          4        4 2        2 5        1 9
+   9      + 1 2      + 2 6      + 3 9      + 2 5
```

13 Complete e calcule.

15 + 26 + 4   42 + 18 + 23   3 + 27 + 19   25 + 6 + 43

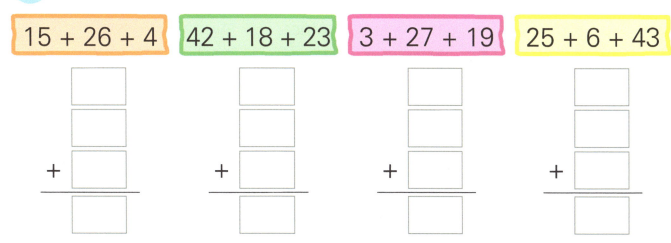

14 Calcule e pinte o instrumento de Lívia.

O instrumento que toco está acima da operação que tem o resultado igual a 40.

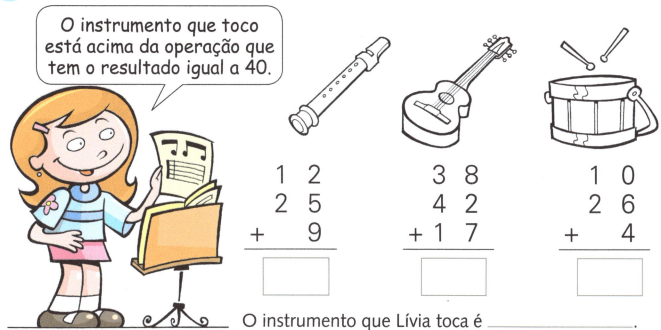

```
  1 2        3 8        1 0
  2 5        4 2        2 6
+   9      + 1 7      +   4
```

O instrumento que Lívia toca é _____.

15 Resolva.

Paulo tem selos de todos os continentes. Observe os selos que ele tem de cada um e calcule.

Selos da Europa ▶ 406
Selos da América ▶ 258
Selos da Ásia ▶ 161
Selos da África ▶ 290
Selos da Oceania ▶ 39

Europa ▶ ☐
América ▶ + ☐
Total ▶ ☐

Ásia ▶ ☐
África ▶ + ☐
Total ▶ ☐

Europa ▶ ☐
Ásia ▶ ☐
África ▶ + ☐
Total ▶ ☐

América ▶ ☐
África ▶ ☐
Oceania ▶ + ☐
Total ▶ ☐

16 Que números estão faltando nas adições? Complete-as.

☐ 4 6
+ 5 2 ☐
―――――
  7 7 0

    ☐ 8 ☐
+ 6 4 5
―――――
  9 3 1

  ☐ 0 8
+ 2 3 ☐
―――――
  9 ☐ 2

12

17 Observe na tabela quantos livros há de cada tipo. Depois, complete os espaços abaixo e calcule.

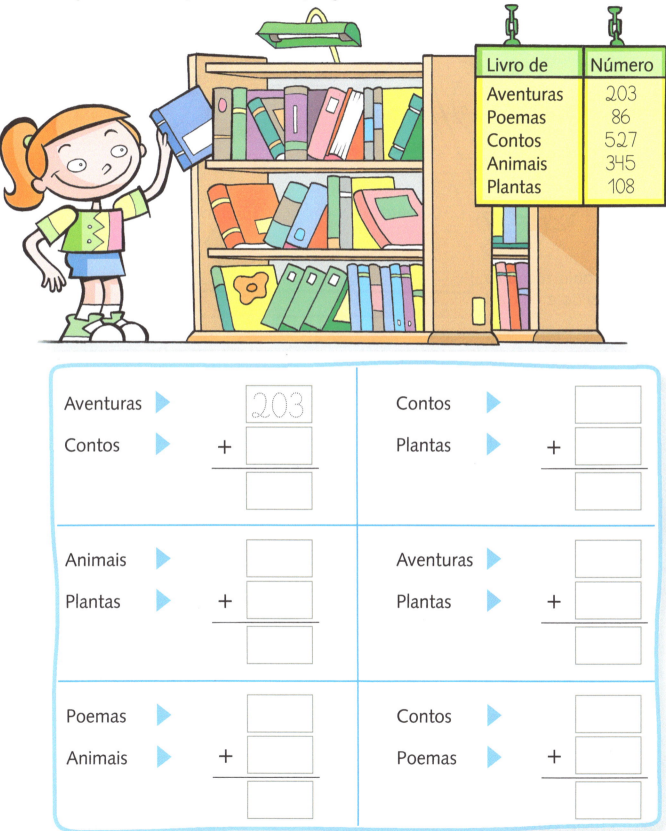

Livro de	Número
Aventuras	203
Poemas	86
Contos	527
Animais	345
Plantas	108

Aventuras ▶ 203
Contos ▶ + ___

Contos ▶ ___
Plantas ▶ + ___

Animais ▶ ___
Plantas ▶ + ___

Aventuras ▶ ___
Plantas ▶ + ___

Poemas ▶ ___
Animais ▶ + ___

Contos ▶ ___
Poemas ▶ + ___

19 Leia e resolva.

- Luís recolheu 38 conchas e sua irmã Carol, 14 conchas a mais. Quantas conchas Carol recolheu?

  Carol recolheu ____ conchas.

- Em um viveiro havia 65 pinheiros e foram plantados mais 18. Quantos pinheiros há agora no viveiro?

  Agora há ____ pinheiros.

- Na classe de Pedro, há 23 alunos; na de Olga, 24 e na de Marcos, 18. Quantos alunos há nas três classes?

  Nas três classes há ____ alunos.

- Um livro tem 12 histórias de fadas, 26 de bruxas e 38 de magos. Quantas histórias há no total?

  No total há ____ histórias.

- Uma locadora de vídeo alugou 47 filmes em uma manhã e 39 filmes durante a tarde. Quantos filmes alugou nesse dia?

  Alugou ____ filmes.

20 Leia cada problema, resolva e pinte a operação correta.

- Em um jantar foram utilizados 84 copos, 34 pratos fundos e 48 pratos rasos. Quantos pratos foram utilizados no total?

Foram utilizados ____ pratos.

- Na sorveteria de Mário, foram vendidos 34 sorvetes de chocolate, 28 sorvetes de morango e 13 copos de suco de laranja. Quantos sorvetes foram vendidos no total?

Foram vendidos ____ sorvetes.

21 Em cada problema, complete os dados que estão faltando e resolva.

- Marcos pescou com uma rede _____ sardinhas e _____ tainhas. Quantos peixes pescou no total?

▶ Pescou _____ peixes.

- Em um jardim há _____ gerânios, _____ petúnias e _____ dálias. Quantas flores há no total?

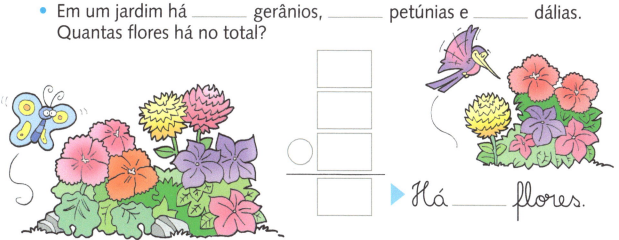

▶ Há _____ flores.

- Elias entregou _____ correspondências no primeiro andar, _____ correspondências no segundo andar e _____ correspondências no terceiro andar.
Quantas correspondências ele entregou no total?

▶ No total, ele entregou _____ correspondências.

17

A tabuada de subtração

1 − 1 = 0	2 − 2 = 0	3 − 3 = 0
2 − 1 = 1	3 − 2 = 1	4 − 3 = 1
3 − 1 = 2	4 − 2 = 2	5 − 3 = 2
4 − 1 = 3	5 − 2 = 3	6 − 3 = 3
5 − 1 = 4	6 − 2 = 4	7 − 3 = 4
6 − 1 = 5	7 − 2 = 5	8 − 3 = 5
7 − 1 = 6	8 − 2 = 6	9 − 3 = 6
8 − 1 = 7	9 − 2 = 7	10 − 3 = 7
9 − 1 = 8	10 − 2 = 8	11 − 3 = 8
10 − 1 = 9	11 − 2 = 9	12 − 3 = 9

4 − 4 = 0	5 − 5 = 0	6 − 6 = 0
5 − 4 = 1	6 − 5 = 1	7 − 6 = 1
6 − 4 = 2	7 − 5 = 2	8 − 6 = 2
7 − 4 = 3	8 − 5 = 3	9 − 6 = 3
8 − 4 = 4	9 − 5 = 4	10 − 6 = 4
9 − 4 = 5	10 − 5 = 5	11 − 6 = 5
10 − 4 = 6	11 − 5 = 6	12 − 6 = 6
11 − 4 = 7	12 − 5 = 7	13 − 6 = 7
12 − 4 = 8	13 − 5 = 8	14 − 6 = 8
13 − 4 = 9	14 − 5 = 9	15 − 6 = 9

7 − 7 = 0	8 − 8 = 0	9 − 9 = 0
8 − 7 = 1	9 − 8 = 1	10 − 9 = 1
9 − 7 = 2	10 − 8 = 2	11 − 9 = 2
10 − 7 = 3	11 − 8 = 3	12 − 9 = 3
11 − 7 = 4	12 − 8 = 4	13 − 9 = 4
12 − 7 = 5	13 − 8 = 5	14 − 9 = 5
13 − 7 = 6	14 − 8 = 6	15 − 9 = 6
14 − 7 = 7	15 − 8 = 7	16 − 9 = 7
15 − 7 = 8	16 − 8 = 8	17 − 9 = 8
16 − 7 = 9	17 − 8 = 9	18 − 9 = 9

Atividades de subtração

1 Observe os pontos que cada brinquedo vale, complete os espaços abaixo e calcule.

- A maior diferença está entre os _____ e as _____.

2 Complete as sequências.

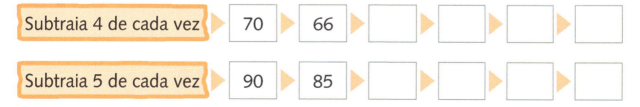

3 Observe e calcule quantas dezenas restam.

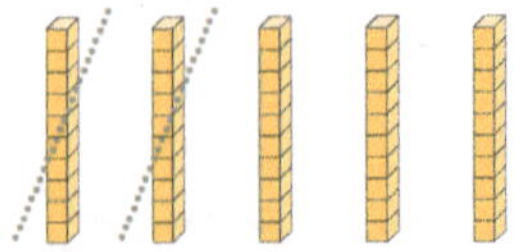

| 5 dezenas |
| − 2 dezenas |

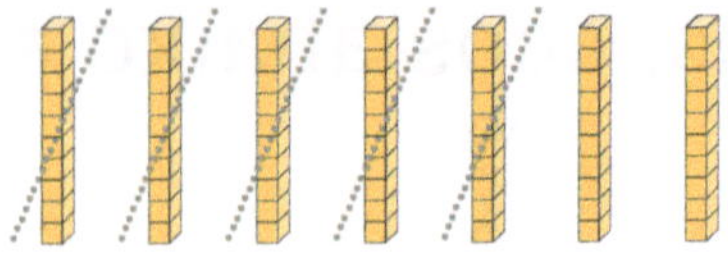

☐ dezenas
− ☐ dezenas

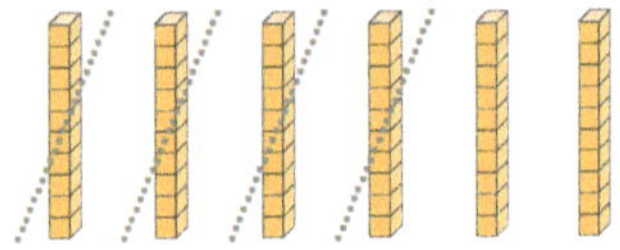

☐ dezenas
− ☐ dezenas

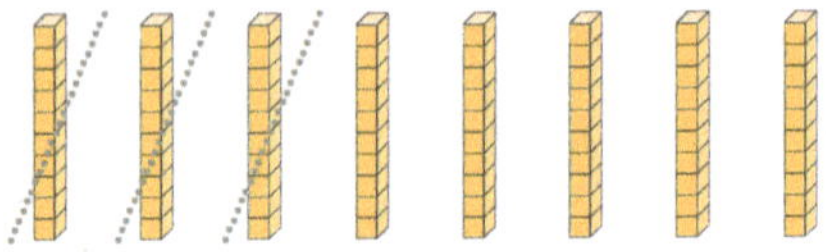

☐ dezenas
− ☐ dezenas

4 Complete cada sequência.

Subtraia 2

58, 56, ...

Subtraia 2

69, 67, ...

5 Observe onde está cada ficha e complete.

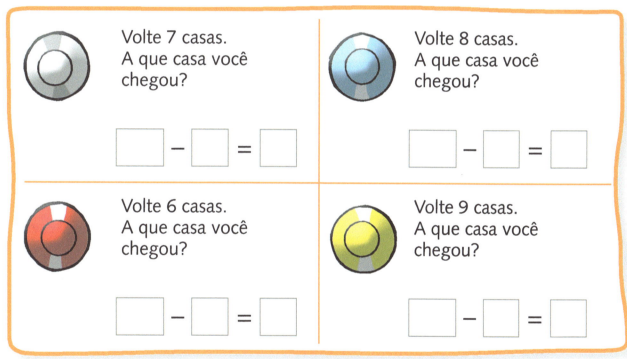

6 Calcule e pinte da mesma cor as subtrações que têm o mesmo resultado.

| 13 – 5 = | 15 – 9 = | 15 – 6 = | 12 – 9 = |
| 11 – 8 = | 14 – 5 = | 12 – 6 = | 12 – 4 = |

7 Observe o código e calcule.

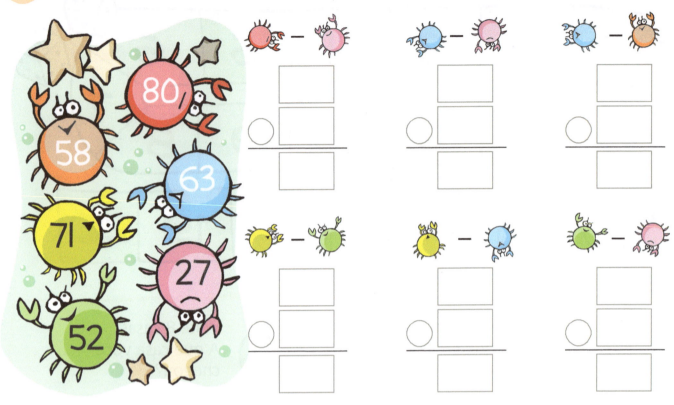

8 Observe o desenho e calcule.

 vermelhos

azuis

 verdes

- Quantos lápis de cor azul há a menos do que vermelhos?

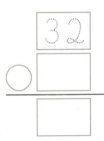

Há _____.

- Quantos lápis de cor verde há a menos de que azuis?

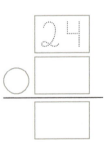

Há _____.

9 Calcule.

  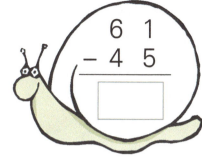

10 Complete e calcule.

| 45 – 36 | 87 – 9 | 93 – 76 | 71 – 8 |

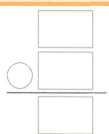 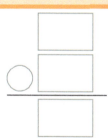 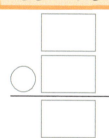 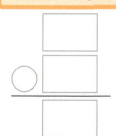

| 97 – 33 | 65 – 59 | 76 – 49 | 81 – 9 |

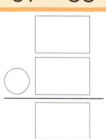 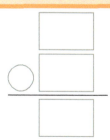 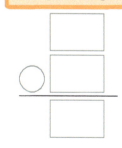 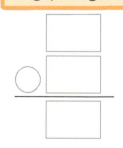

11 Complete a sequência.

Subtraia 15 de cada vez ▶ | 100 | 85 | 70 | | | |

12 Observe os números nos círculos e calcule as subtrações.

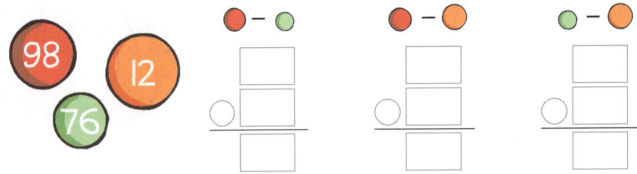

- Agora, calcule todas as subtrações possíveis com estes números.

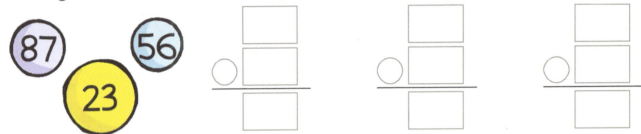

13 Observe os pontos que cada criança conseguiu e resolva.

	Pontos
Luísa	32
Carlos	14
Eva	27
André	48

- Quantos pontos Luísa e Eva conseguiram juntas?

Conseguiram juntas ____ pontos.

- Quantos pontos Carlos fez a menos do que André?

Carlos fez ____ pontos a menos.

14 Primeiro, coloque os números nas lacunas e calcule. Depois, una cada carro com sua garagem.

15 Complete as sequências.

| 40 | 37 | 34 | | | 25 | | |

| 82 | 78 | 74 | | | | | 54 |

| 50 | 44 | 38 | | | 20 | | |

16 Observe os números e faça a operação que cada mágico está indicando.

17 Leia e complete.

18 Calcule e pinte.

 As regiões cujo resultado é maior do que 20.

 As regiões cujo resultado é menor do que 20.

19 Calcule o resultado das subtrações, quando possível.

Pinte as xícaras cuja subtração não foi possível calcular.

20 Observe o código e calcule.

21 Primeiro, calcule as subtrações. Depois, leia e trace um caminho.

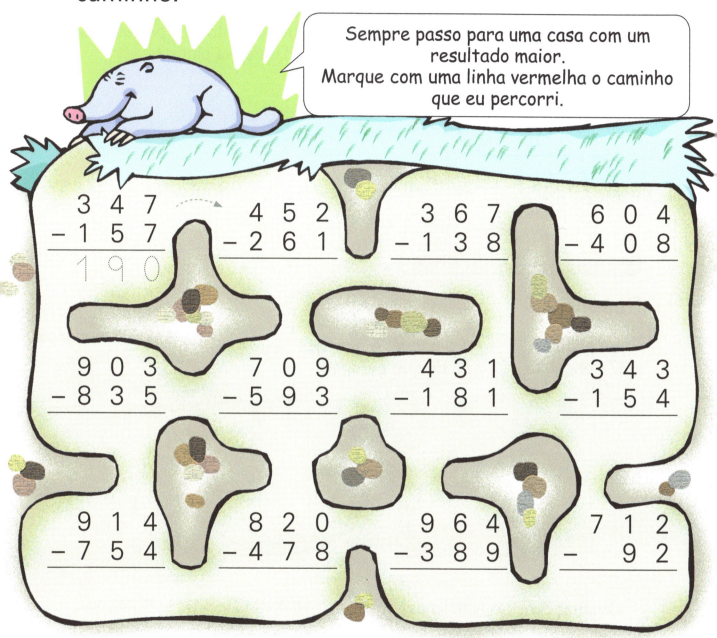

Sempre passo para uma casa com um resultado maior.
Marque com uma linha vermelha o caminho que eu percorri.

22 Continue a sequência.

23 Leia e resolva.

- Laura precisa pintar 45 palitos para fazer um trabalho． Já pintou 14 palitos． Quantos palitos ainda precisa pintar?

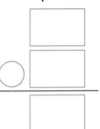

Ainda precisa pintar ___ palitos.

24 Resolva.

- Quantas conchas Natália pegou?

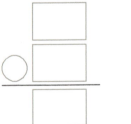

Natália pegou ___ conchas.

- Quantas conchas Luís pegou?

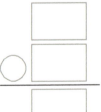

Luís pegou ___ conchas.

25 Ordene as pontuações e responda.

☐ > ☐ > ☐ > ☐

- Qual equipe está em primeiro lugar?
  _____

- Qual equipe está em último lugar?
  _____

LIGA DE SALTOS

Os leões .... 25 pontos
Os gambás .... 38 pontos
Os tigres .... 13 pontos
Os golfinhos .... 31 pontos

- Quantos pontos a equipe *Os leões* tem a mais que *Os tigres*?

  Dados ▶ _____ e _____

  Operação ▶ ☐ ○ ☐

  ☐
  ○ ☐
  ―――
  ☐

  Resposta ▶ Tem ____ pontos a mais.

- Quantos pontos a equipe que está em primeiro lugar tem a mais do que a equipe que está em segundo lugar?

  Dados ▶ _____ e _____

  Operação ▶ ☐ ○ ☐

  ☐
  ○ ☐
  ―――
  ☐

  Resposta ▶ Tem ____ pontos a mais.

26 Observe, leia e calcule.

- Quantos carros a menos do que bolas foram arrecadados?

Foram arrecadados ___ carros a menos.

- Quantos jogos a menos do que bonecas foram arrecadados?

Foram arrecadados ___ jogos a menos.

- Quantas bolas a mais do que jogos foram arrecadadas?

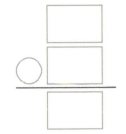

Foram arrecadadas ___ bolas a mais.

27 Leia e resolva.

- Na biblioteca da minha sala de aula há 54 livros de leitura e 27 livros de consulta. Quantos livros de leitura há a mais do que livros de consulta?

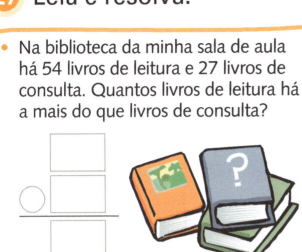

Há ____ livros de leitura a mais.

- Luís comprou 72 azulejos para consertar o piso da cozinha e usou 55. Quantos azulejos sobraram?

Sobraram ____ azulejos.

- Em um pequeno auditório há 75 poltronas. Há 38 ocupadas. Quantas poltronas estão livres?

Há ____ poltronas livres.

- Luísa tem 32 bolinhas de gude. Seu primo Carlos tem 19 bolinhas de gude a menos. Quantas bolinhas de gude tem Carlos?

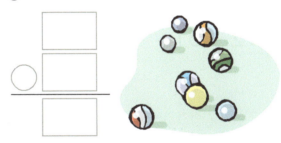

Carlos tem ____ bolinhas de gude.

- Guilherme tem 12 anos. Quantos anos faltam para ele completar 30 anos?

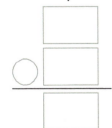

Faltam ____ anos.

Atividades de adição e subtração

Agora, você vai decidir qual é a melhor operação para resolver os problemas: adição ou subtração. Leia atentamente e mãos à obra!

1) Escreva o símbolo "+" ou "−", de acordo com os resultados das operações.

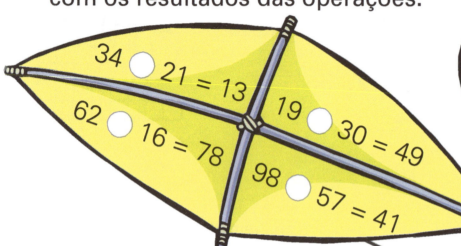

34 ○ 21 = 13
62 ○ 16 = 78
19 ○ 30 = 49
98 ○ 57 = 41

2) Complete e calcule.

72 − 51

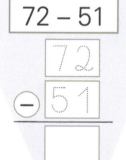

36 + 53

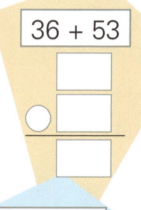

98 − 65

43 + 24

34

4 Observe a tabela na qual aparecem as alturas de oito membros de uma mesma família e resolva os problemas.

Luís	80 cm	Pedro	176 cm
Sara	165 cm	Maria	75 cm
João	153 cm	José	172 cm
Carmem	182 cm	Marta	167 cm

- Quantos centímetros Carmem é mais alta do que Luís?

Ela é ____ centímetros mais alta.

- Quantos centímetros somam as alturas das pessoas cujos nomes começam com a letra M?

Somam ____ centímetros.

- Qual é a diferença de altura entre a pessoa mais alta e a mais baixa?

A diferença é de ____ centímetros.

- Some a altura dos homens e a das mulheres. Quem é mais alto: os homens ou as mulheres?

São ____ mulheres.

5 Observe o desenho, invente e escreva dois problemas de adição e dois de subtração. Depois, resolva-os:

Problema de adição

1. _____
_____
_____
_____

Resposta ▶ _____

Problema de adição

2. _____
_____
_____
_____

Resposta ▶ _____

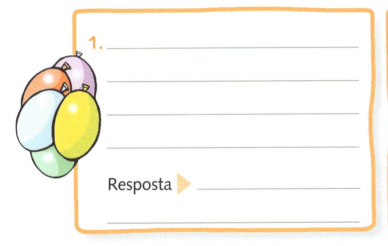

Problema de subtração

3. _____
_____
_____
_____

Resposta ▶ _____

Problema de subtração

4. _____
_____
_____
_____

Resposta ▶ _____

A tabuada de multiplicação

1 × 1 = 1	
2 × 1 = 2	
3 × 1 = 3	
4 × 1 = 4	
5 × 1 = 5	
6 × 1 = 6	
7 × 1 = 7	
8 × 1 = 8	
9 × 1 = 9	
10 × 1 = 10	

1 × 2 = 2
2 × 2 = 4
3 × 2 = 6
4 × 2 = 8
5 × 2 = 10
6 × 2 = 12
7 × 2 = 14
8 × 2 = 16
9 × 2 = 18
10 × 2 = 20

1 × 3 = 3
2 × 3 = 6
3 × 3 = 9
4 × 3 = 12
5 × 3 = 15
6 × 3 = 18
7 × 3 = 21
8 × 3 = 24
9 × 3 = 27
10 × 3 = 30

1 × 4 = 4
2 × 4 = 8
3 × 4 = 12
4 × 4 = 16
5 × 4 = 20
6 × 4 = 24
7 × 4 = 28
8 × 4 = 32
9 × 4 = 36
10 × 4 = 40

1 × 5 = 5
2 × 5 = 10
3 × 5 = 15
4 × 5 = 20
5 × 5 = 25
6 × 5 = 30
7 × 5 = 35
8 × 5 = 40
9 × 5 = 45
10 × 5 = 50

1 × 6 = 6
2 × 6 = 12
3 × 6 = 18
4 × 6 = 24
5 × 6 = 30
6 × 6 = 36
7 × 6 = 42
8 × 6 = 48
9 × 6 = 54
10 × 6 = 60

1 × 7 = 7
2 × 7 = 14
3 × 7 = 21
4 × 7 = 28
5 × 7 = 35
6 × 7 = 42
7 × 7 = 49
8 × 7 = 56
9 × 7 = 63
10 × 7 = 70

1 × 8 = 8
2 × 8 = 16
3 × 8 = 24
4 × 8 = 32
5 × 8 = 40
6 × 8 = 48
7 × 8 = 56
8 × 8 = 64
9 × 8 = 72
10 × 8 = 80

1 × 9 = 9
2 × 9 = 18
3 × 9 = 27
4 × 9 = 36
5 × 9 = 45
6 × 9 = 54
7 × 9 = 63
8 × 9 = 72
9 × 9 = 81
10 × 9 = 90

1 × 10 = 10
2 × 10 = 20
3 × 10 = 30
4 × 10 = 40
5 × 10 = 50
6 × 10 = 60
7 × 10 = 70
8 × 10 = 80
9 × 10 = 90
10 × 10 = 100

Atividades de multiplicação

1 Complete as sequências.

Conte de 3 em 3 ▶	3	6					

Conte de 6 em 6 ▶	6	12					

- Agora calcule:

3 × 4 = 　　　3 × 7 = 　　　3 × 6 = 　　　3 × 8 =

6 × 3 = 　　　6 × 5 = 　　　6 × 8 = 　　　6 × 9 =

2 Leia e complete as sequências.

Conte de 7 em 7 e anote aqui!

7	14						

Conte de 9 em 9 e anote aqui!

9	18						

- Agora calcule:

7 × 2 = 　　　7 × 5 = 　　　7 × 7 = 　　　7 × 8 =

9 × 2 = 　　　9 × 5 = 　　　9 × 7 = 　　　9 × 9 =

3 Calcule e pinte.

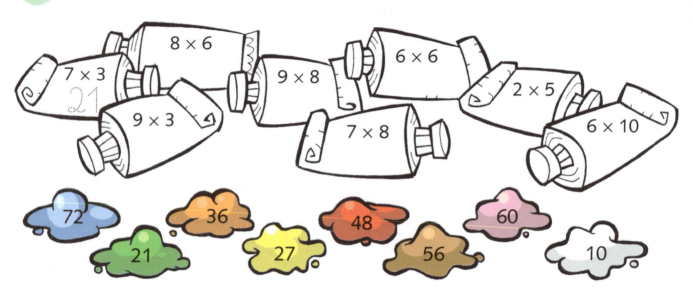

4 Calcule.

8 × 3 =
7 × 9 =
9 × 4 =

5 × 4 =
2 × 6 =
3 × 6 =

6 × 4 =
4 × 8 =
6 × 7 =

5 Complete.

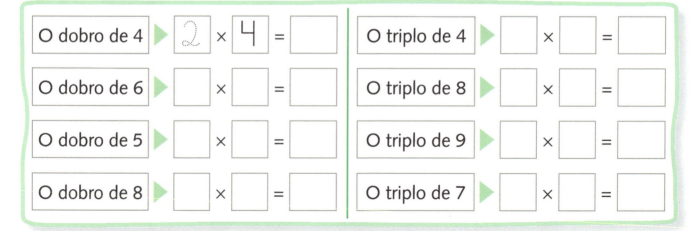

6 Calcule e complete.

7 × 7 = 49
3 × 10 = ___
6 × 7 = ___
9 × 10 = ___

6 × 5 = ___
6 × 8 = ___
9 × 4 = ___
7 × 9 = ___

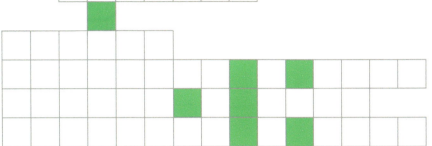

7 Continue as sequências.

8 Consulte as tabuadas e complete.

Consulte a tabuada do 5.

3 × 5 = 15
6 × 5 =
9 × 5 =
4 × 5 =
7 × 5 =
2 × 5 =

Consulte a tabuada do 8.

4 × 8 =
9 × 8 =
5 × 8 =
7 × 8 =
8 × 8 =
6 × 8 =

Consulte a tabuada do 10.

4 × 10 =
5 × 10 =
7 × 10 =
10 × 10 =
8 × 10 =
9 × 10 =

9 Calcule e pinte.

Pinte de amarelo os tijolos cujo resultado é maior do que 20.

2 × 3 =
8 × 2 =   4 × 9 =   2 × 7 =   8 × 5 =
5 × 4 =   8 × 4 =   4 × 3 =   10 × 3 =
8 × 6 =   5 × 3 =   4 × 8 =   4 × 4 =
2 × 9 =   5 × 9 =   2 × 6 =   5 × 7 =

10 Calcule e pinte da mesma cor os quadros com o mesmo resultado.

| 2 × 4 = | 4 × 3 = | 2 × 8 = | 2 × 6 = |

| 5 × 4 = | 4 × 2 = | 10 × 2 = | 4 × 4 = |

11 Complete.

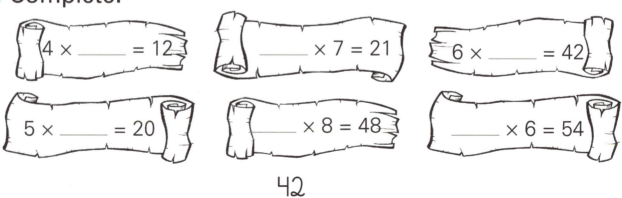

4 × ___ = 12   ___ × 7 = 21   6 × ___ = 42

5 × ___ = 20   ___ × 8 = 48   ___ × 6 = 54

12 Leia e complete.

Se você quer saber o que há na caixa, calcule e escreva sobre cada número a letra correspondente.

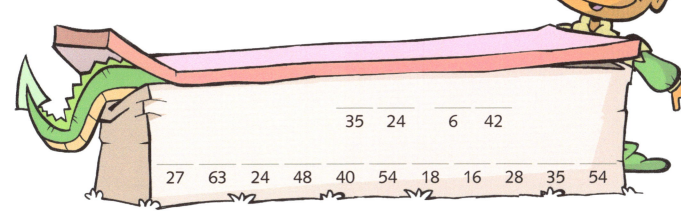

35   24   6   42

27   63   24   48   40   54   18   16   28   35   54

I ▶ 4 × 4	A ▶ 3 × 8	Ã ▶ 8 × 5
X ▶ 7 × 8	U ▶ 2 × 3	O ▶ 9 × 6
H ▶ 5 × 7	Z ▶ 9 × 2	R ▶ 7 × 9
A ▶ 4 × 6	G ▶ 8 × 6	N ▶ 7 × 4
D ▶ 9 × 3	O ▶ 6 × 9	M ▶ 6 × 7

13 Complete a tabela, multiplicando.

×	0	1	2	3	4	5	6	7	8	9
0	0									
1		1							8	
2										
3					12					
4			8				24			
5										
6				18						
7								49		
8			16							
9										81

14 Resolva.

- O pai de Daniel comprou 9 vasinhos para enfeitar as janelas. Cada vasinho custou 3 reais. Quanto ele pagou pelos vasinhos?

Resposta ▼

Ele pagou _____.

- A mãe de Lúcia quer trocar as cortinas de sua casa. Para cada janela, precisa de 4 metros de tecido. A casa tem 5 janelas. Quantos metros de tecido ela necessitará comprar?

Resposta ▼

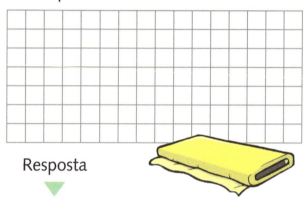

Necessitará comprar _____.

- Manoel pode escolher para o seu café-da-manhã entre cereais com chocolate, cereais com fruta ou cereais com mel. Ele tem duas caixas de cada tipo. Quantas caixas de cereais Manoel tem?

Resposta ▼

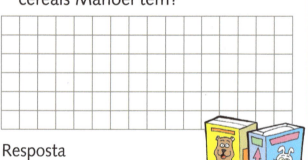

Manoel tem _____.

- Na cozinha de Laura, há 7 móveis com 5 gavetas em cada um. Quantas gavetas há na cozinha?

Resposta ▼

Há _____.

15 Leia e resolva.

- Pedro dorme 9 horas diárias. Quantas horas dormirá em 15 dias?

Resposta ▼

Dormirá _____ .

- Uma caixa tem 144 biscoitos. Quantos biscoitos há em 6 caixas iguais?

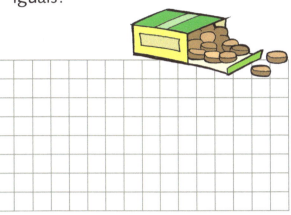

Resposta ▼

Há _____ .

- A equipe de Mário marcou 23 gols e a de Luís marcou o triplo da de Mário. Quantos gols foram marcados pela equipe de Luís?

Resposta ▼

Foram marcados _____ gols.

- O diretor de uma escola contratou 8 ônibus de 54 lugares cada um. Quantos alunos cabem nos 8 ônibus?

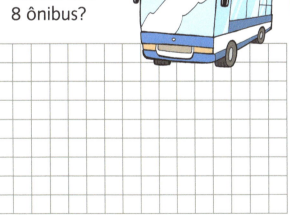

Resposta ▼

Cabem _____ alunos.

45

16 Observe, leia e calcule.

- Quantas bonecas há em 4 caixas?

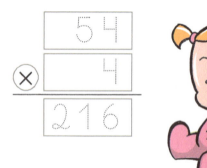

Resposta
▼

Há _____ .

- Quantos carros há em 5 caixas?

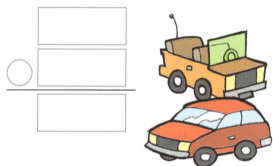

Resposta
▼

Há _____ .

- Quantas arvorezinhas há em 6 caixas?

Resposta
▼

Há _____ .

- Quantas peças há em 5 caixas?

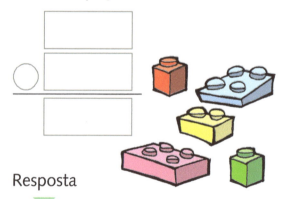

Resposta
▼

Há _____ .

17 Leia, complete e resolva.

> Leia cada problema e invente uma pergunta que possa ser resolvida com a operação indicada em cada caso.

- Em um caminhão são carregados 8 sacos de farinha e 7 sacos de açúcar. Cada saco pesa 50 kg.

  Pergunta ▶ Quantos _____

  Resposta ▶ _____ .

- Para fazer sorvete de limão, uma sorveteria comprou 23 sacos de limão. Cada saco pesa 5 kg.

  Pergunta ▶ Quantos _____

  $$\begin{array}{r} 2\;3 \\ \times 5 \\ \hline \end{array}$$

  Resposta ▶ Comprou _____ .

47

Atividades de adição, subtração e multiplicação

Atenção! Agora você deve escolher qual das operações (adição, subtração ou multiplicação) é a melhor para cada um dos problemas.

1 Leia o gráfico e resolva os problemas.

- Quantas árvores são cultivadas, no total, no viveiro?

.

- Quantos pinheiros há a menos do que castanheiras?

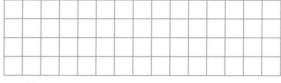
.

- Quando crescerem, cada muda de oliveira poderá ser vendida por 9 reais. Quantos reais poderão ser recebidos com a venda de todas as mudas de oliveira?

.

- Todos os anos é plantado o mesmo número de árvores frutíferas. Quantas árvores frutíferas o viveiro produz em três anos?

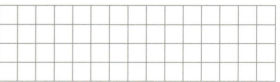
.

2 Leia o texto e elabore problemas.

Em um zoológico, Miguel viu a apresentação de 6 golfinhos e 5 focas. Cada golfinho recebia de seu treinador, depois de cada exercício, 2 sardinhas e cada foca recebia uma sardinha.
Os golfinhos fizeram 4 exercícios cada um. Depois vieram as focas, que, juntas, fizeram um baile. Logo em seguida, cada uma das focas fez 4 exercícios a mais, separadamente. O treinador tinha 95 sardinhas em um balde.

- Agora, invente problemas nos quais sejam usadas as operações propostas e resolva-os:

Problema com uma multiplicação

Resposta ▶ _____

Problema com uma adição

Resposta ▶ _____

Problema com, pelo menos, uma multiplicação

Resposta ▶ _____

A tabuada de divisão

1 ÷ 1 = 1	2 ÷ 2 = 1	3 ÷ 3 = 1	4 ÷ 4 = 1
2 ÷ 1 = 2	4 ÷ 2 = 2	6 ÷ 3 = 2	8 ÷ 4 = 2
3 ÷ 1 = 3	6 ÷ 2 = 3	9 ÷ 3 = 3	12 ÷ 4 = 3
4 ÷ 1 = 4	8 ÷ 2 = 4	12 ÷ 3 = 4	16 ÷ 4 = 4
5 ÷ 1 = 5	10 ÷ 2 = 5	15 ÷ 3 = 5	20 ÷ 4 = 5
6 ÷ 1 = 6	12 ÷ 2 = 6	18 ÷ 3 = 6	24 ÷ 4 = 6
7 ÷ 1 = 7	14 ÷ 2 = 7	21 ÷ 3 = 7	28 ÷ 4 = 7
8 ÷ 1 = 8	16 ÷ 2 = 8	24 ÷ 3 = 8	32 ÷ 4 = 8
9 ÷ 1 = 9	18 ÷ 2 = 9	27 ÷ 3 = 9	36 ÷ 4 = 9
10 ÷ 1 = 10	20 ÷ 2 = 10	30 ÷ 3 = 10	40 ÷ 4 = 10

5 ÷ 5 = 1	6 ÷ 6 = 1	7 ÷ 7 = 1
10 ÷ 5 = 2	12 ÷ 6 = 2	14 ÷ 7 = 2
15 ÷ 5 = 3	18 ÷ 6 = 3	21 ÷ 7 = 3
20 ÷ 5 = 4	24 ÷ 6 = 4	28 ÷ 7 = 4
25 ÷ 5 = 5	30 ÷ 6 = 5	35 ÷ 7 = 5
30 ÷ 5 = 6	36 ÷ 6 = 6	42 ÷ 7 = 6
35 ÷ 5 = 7	42 ÷ 6 = 7	49 ÷ 7 = 7
40 ÷ 5 = 8	48 ÷ 6 = 8	56 ÷ 7 = 8
45 ÷ 5 = 9	54 ÷ 6 = 9	63 ÷ 7 = 9
50 ÷ 5 = 10	60 ÷ 6 = 10	70 ÷ 7 = 10

8 ÷ 8 = 1	9 ÷ 9 = 1
16 ÷ 8 = 2	18 ÷ 9 = 2
24 ÷ 8 = 3	27 ÷ 9 = 3
32 ÷ 8 = 4	36 ÷ 9 = 4
40 ÷ 8 = 5	45 ÷ 9 = 5
48 ÷ 8 = 6	54 ÷ 9 = 6
56 ÷ 8 = 7	63 ÷ 9 = 7
64 ÷ 8 = 8	72 ÷ 9 = 8
72 ÷ 8 = 9	81 ÷ 9 = 9
80 ÷ 8 = 10	90 ÷ 9 = 10

Atividades de divisão

1 Leia e desenhe.

Marta divide igualmente 30 margaridas em 4 vasos.   Sobram: ____

- Agora, complete!

  Número de margaridas: _____

  Número de vasos: _____

  Margaridas em cada vaso: _____

  Margaridas que sobram: _____

  ```
  3 0 | 4
      |
  ```

  Resto ▶ _____
  Divisor ▶ _____
  Dividendo ▶ _____
  Quociente ▶ _____

2 Leia, complete e escreva a divisão.

Havia 47 bombons. ▶ Dividendo: _____
Foram colocados em 6 caixas. ▶ Divisor: _____
Cada caixa tem 7 bombons. ▶ Quociente: _____
Sobraram 5 bombons. ▶ Resto: _____

```
4 7 |
    |
```

Havia 75 flechas. ▶ Dividendo: _____
Foram dados a 9 arqueiros. ▶ Divisor: _____
Cada arqueiro tem 8 flechas. ▶ Quociente: _____
Sobraram 3 flechas. ▶ Resto: _____

```
7 5 |
    |
```

3 Resolva e pinte de amarelo as divisões exatas e de rosa as divisões não-exatas.

☐ 4 2 | 6   ☐ 2 9 | 9   ☐ 6 4 | 8

☐ 1 7 | 2   ☐ 4 4 | 7   ☐ 2 9 | 5

☐ 5 4 | 9   ☐ 2 9 | 4   ☐ 2 3 | 3

4 Leia e calcule.

Em cada caso, escolha um divisor entre os três para que a divisão seja exata e outro para que seja não-exata. Resolva as divisões.

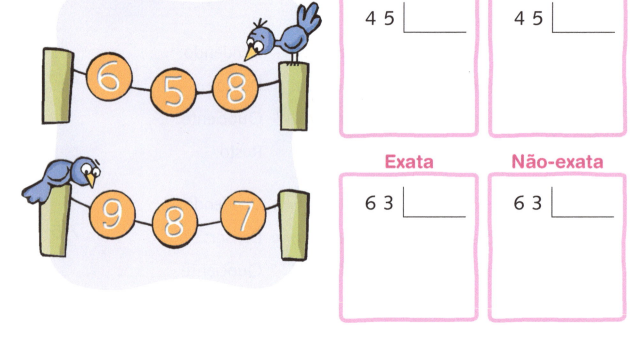

Exata   Não-exata
4 5 | 4 5 |

Exata   Não-exata
6 3 | 6 3 |

5 Complete e calcule.

- Ao distribuirmos igualmente 89 passageiros em 7 barcos, teremos _____ passageiros em cada barco e sobrarão _____ passageiros.

  8 9 | 7

- Ao distribuirmos igualmente 73 passageiros em 6 barcos, teremos _____ passageiros em cada barco e sobrará _____ passageiro.

  7 3 | 6

6 Leia, calcule e complete.

36 malas em 3 carrinhos. ▶		Em cada carrinho cabem _____ malas e sobra _____ mala.
98 malas em 9 carrinhos. ▶		Em cada carrinho cabem _____ malas e sobram _____ malas.
87 malas em 8 carrinhos. ▶		Em cada carrinho cabem _____ malas e sobram _____ malas.
72 malas em 7 carrinhos. ▶		Em cada carrinho cabem _____ malas e sobram _____ malas.

7 Calcule e descubra o animal que ganhou a corrida.

384 | 2 O

547 | 3 Ç

880 | 5 A

992 | 6 T

658 | 4 M

936 | 5 N

O animal que ganhou a corrida foi

176 _____ 192 _____ 187 _____ 182 _____ 176 _____
              N

8 Calcule o resultado das divisões.

F 522 | 5

E 953 | 8

O 656 | 6

S 488 | 4

R 352 | 3

L 744 | 7

• Agora ordene os quocientes do menor para o maior para encontrar uma palavra.

_____ _____ _____ _____ _____ 122
                                S

9 Calcule o resultado das divisões.

- Agora ordene os quocientes do maior para o menor para descobrir o texto escondido.

A abelha-rainha come

99 _____ _____ _____ _____   _____ _____

G _____ _____ _____ _____

10 Calcule o resultado das divisões.

72 | 9   60 | 4   49 | 3   68 | 4

79 | 8   87 | 6   95 | 5   37 | 2

70 | 7   13 | 1   80 | 4   63 | 3

58 | 5   72 | 6   38 | 7   45 | 2

- Agora pinte o caminho que apresenta os quocientes em uma sequência crescente.

11 Leia e resolva.

- Mariana tem 16 presilhas azuis, 12 presilhas vermelhas e 24 presilhas verdes. Quantos grupos de 6 presilhas Mariana pode formar? Quantas presilhas sobrarão?

Resposta ▸ _____
_____.

- Quantas garrafas de 2 litros Davi pode encher, se ele tem 87 litros de azeite? Quantos litros irão sobrar?

Resposta ▸ _____
_____.

- O pai de Carla tem 48 anos. Carla tem um terço da idade de seu pai. Quantos anos Carla tem?

Resposta ▸ _____
_____.

- Seis sacos de farinha pesam 360 kg. Quantos quilogramas pesa um saco?

Resposta ▸ _____
_____.

12 Leia atentamente os problemas abaixo. Invente uma pergunta para cada um deles e resolva-os.

- Elisa, Carlos e Maria compraram 3 entradas para um espetáculo de dança e pagaram 240 reais.

  Pergunta ▸ _____

  Resolução ▸

  Resposta ▸ _____

- Pedro está colecionando figurinhas. Seu álbum tem, no total, 189 figurinhas. Em cada página cabem 9 figurinhas.

  Pergunta ▸ _____

  Resolução ▸

  Resposta ▸ _____

13 Observe, depois complete.

> Observe a relação entre a multiplicação e a divisão.

$5 \times 2 = 10 \longleftrightarrow 10 \div 2 = 5$

Multiplicação	Divisão	Multiplicação	Divisão
$\boxed{1} \times 2 = 2$	$2 \div 2 = \boxed{1}$	$\boxed{1} \times 3 = 3$	$3 \div 3 = \boxed{1}$
$\boxed{2} \times 2 = 4$	$4 \div 2 = \boxed{2}$	$\boxed{2} \times 3 = 6$	$6 \div 3 = \boxed{2}$
$\boxed{3} \times 2 = 6$	$6 \div 2 = \boxed{3}$	$\square \times 3 = 9$	$9 \div 3 = \square$
$\square \times 2 = 8$	$8 \div 2 = \square$	$\square \times 3 = 12$	$12 \div 3 = \square$
$\square \times 2 = 10$	$10 \div 2 = \square$	$\square \times 3 = 15$	$15 \div 3 = \square$
$\square \times 2 = 12$	$12 \div 2 = \square$	$\square \times 3 = 18$	$18 \div 3 = \square$
$\square \times 2 = 14$	$14 \div 2 = \square$	$\square \times 3 = 21$	$21 \div 3 = \square$
$\square \times 2 = 16$	$16 \div 2 = \square$	$\square \times 3 = 24$	$24 \div 3 = \square$
$\square \times 2 = 18$	$18 \div 2 = \square$	$\square \times 3 = 27$	$27 \div 3 = \square$

14 Calcule.

$8 \times 2 \div 4 =$ _____

$4 \times 3 \div 2 =$ _____

$6 \times 6 \div 9 =$ _____

$4 \times 9 \div 6 =$ _____

$8 \times 5 \div 2 =$ _____

$3 \times 8 \div 6 =$ _____

Atividades de multiplicação e divisão

 Leia com atenção os problemas abaixo e escolha qual é a melhor operação para resolvê-los: multiplicação ou divisão. Mãos à obra!

1 Leia e resolva.

- A mãe de Eduardo comprou 72 balas para as lembrancinhas do aniversário dele e colocou-as em saquinhos de 9 balas cada um. Quantos saquinhos ela conseguiu encher?

Resposta ▶ _____.

- Elvira repartiu igualmente 168 baguetes em 8 cestas. Quantas baguetes colocou em cada cesta?

Resposta ▶ _____.

- Em uma peixaria há 9 caixas de pescada, com 36 quilogramas de peixe em cada uma. Quantos quilogramas de pescada há no total?

Resposta ▶ _____.

- Para assistir à final de um torneio um grupo de torcedores de um time de futebol contratou 8 micro-ônibus. Se em cada micro-ônibus vão 45 passageiros, quantos torcedores foram à final do torneio?

Resposta ▶ _____.

2 Continue resolvendo os problemas.

- Na floricultura de José, foram feitos 64 ramalhetes com meia dúzia de rosas em cada um. Quantas rosas foram utilizadas?

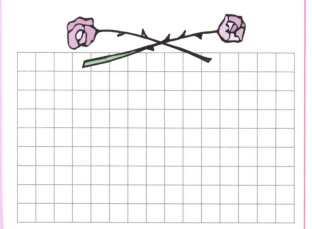

Resposta ▶ _____

- No balcão de uma padaria, há 17 bandejas com 8 pastéis em cada uma. Quantos pastéis há no total?

Resposta ▶ _____

- Um caminhão transporta 150 sacos de açúcar, de 5 quilogramas cada um. Quantos quilogramas de açúcar leva o caminhão?

Resposta ▶ _____

- Márcia tem 48 lápis de cor e quer colocá-los em 4 caixas. Quantos lápis colocará em cada caixa?

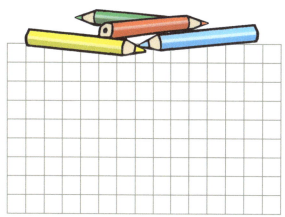

Resposta ▶ _____

3 Leia e calcule.

Em cada operação, escolha o número correto do pergaminho para que o resultado cumpra a condição indicada.

Atividades com as quatro operações

1 Observe as sequências e complete-as.

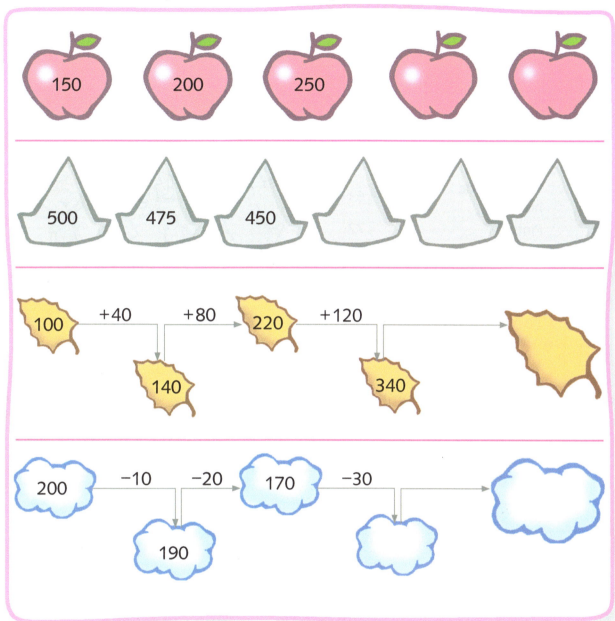

2 Calcule.

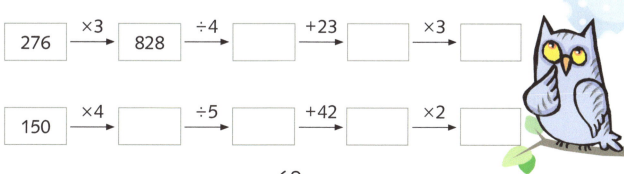

3 Observe os dados, elabore uma pergunta e resolva em seu caderno os problemas.

Em uma festa na escola, os alunos organizaram diferentes atividades.

Atividades	Número de crianças
Maquiagem	94
Jogos de montar	32
Disfarces	86
Contação de histórias	63
Pintura	72
Máscaras	45

Problema com uma adição e uma divisão

- Os que escolheram a maquiagem e os disfarces foram divididos em grupos iguais em 9 salas.

Pergunta ▶ _____

_____

Resposta ▶ _____

Problema com uma adição e uma subtração

- Algumas crianças da contação de histórias e do ateliê de pintura expuseram seus trabalhos. No total, foram expostos 106 trabalhos.

Pergunta ▶ _____

Resposta ▶ _____

Problema com uma multiplicação e uma subtração

- Na atividade de máscaras, cada participante fez três máscaras, mas, ao recortá-las, 18 foram rasgadas.

Pergunta ▶ _____

Resposta ▶ _____

Problema com uma divisão e uma subtração

- A quarta parte dos participantes dos jogos de montar nunca havia realizado essa atividade.

Pergunta ▶ _____

_____

Resposta ▶ _____